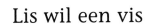

Lis wil een vis

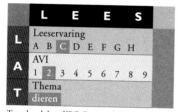

Toegekend door KPC Groep te 's-Hertogenbosch.

Tweede druk, 2003

ISBN 90 269 9496 6
NUR 287
© 2001 Uitgeverij Van Holkema & Warendorf,
Unieboek BV, Postbus 97, 3990 DB Houten
www.unieboek.nl

Tekst: Anne Takens
Tekeningen: Marjolein Krijger
Vormgeving: Petra Gerritsen

Anne Takens

Lis wil een vis

Met illustraties van

Marjolein Krijger

Van Holkema & Warendorf

Lis is bij oom Bas.
Oom ruimt de schuur op
en Lis helpt mee.
'Alles moet weg,' zegt oom.
'Het is hier een troep.'
Oom zet een ton neer.
Daar moet de troep in.
Lis pakt een vieze lap.
Hup. In de ton met dat vod.
Ze ziet een hoed met een gat.
Een vaas met een barst.
Een schoen met een scheur.

4

Alles gaat in de ton.

Op een plank staat een kom.

Hij is van glas.

'Gooi ook maar weg,' zegt oom.

'Nee, dat doe ik niet,' zegt Lis.

'Die kom wil ik.'

Lis draagt de kom naar huis.

Met een plof zet ze hem op de kast.

Mam vindt de kom mooi.

'Er past een plant in, Lis.'

'Nee, mam,' zegt Lis.

'Er hoort een vis in.

Mag ik een vis?'

Mam schudt haar hoofd.

'Nee, Lis. Geen vis.

Je hebt al een poes.

En een schildpad.'

Lis roept: 'Een vis kan er wel bij!'

Maar mam zegt nee.

Lis kijkt sip.

Ze denkt na.

En dan... heeft ze een plan.

Lis staat in de schuur.
Daar ligt een stok
met een touw eraan.
Lis pakt de stok en het touw.
Ze holt de tuin in
en graaft in de grond.
Ha! Een pier.
Lis bindt de pier aan het touw.
Dan rent ze naar het meer.
Het meer is stil en blauw.
Lis roept: 'Vis, kom gauw!
Dan mag je in mijn kom!'

Ze legt haar stok in het meer.
Daar zwemt een vis.
De vis ruikt aan de pier.
Hij geeft de pier een kus.
Maar hij eet hem niet op.
Hij heeft vast geen trek.

Lis heeft nog een plan.
Ze gaat naar het strand.
Het zand is warm.
De zee ruist zacht.

Lis legt haar stok in de zee.
Er rolt een golf naar Lis toe.
De golf brengt een vis mee.
De vis heeft trek.
Hij hapt in de pier.
'Beet!' roept Lis.
Ze trekt de vis op het strand.
Hij is zo groot als haar hand.
Lis vindt hem leuk.
Ze danst om hem heen
en zingt: 'Ik heb een vis!

Een vis uit de zee.
Hij heet Tom
en ik neem hem mee.'

Lis houdt Tom goed vast.
Ze holt met hem naar huis.
Lis woont vlak bij de zee.
Dus ze is er vlug.
Pap en mam zijn niet thuis.
Maar de deur staat op een kier.
Lis legt Tom in de kom.
Hij zwaait met zijn staart.

tom

Lis roept: 'Ik kom zo, hoor!'
Ze rent naar de kraan
en doet water in een pan.
De pan giet ze leeg in de kom.
Tom doet plons plons!

Hij kijkt blij.
'Dag Tom,' zegt Lis.
'Zwem je fijn?'
Tom geeft Lis een kus.
Een kus op het glas.
Lis lacht.
Wat een lieve vis.

Smak smak smak, doet de vis.
Hij heeft trek.
'O, wat dom!' roept Lis.
'Lust je kaas, Tom?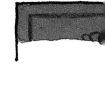
Of brood en worst?'
Lis geeft Tom brood.
En kaas en ham.
Dan holt ze naar de tuin.
Ze vangt een dikke pier.
Tom smult ervan.
Maar hij wil nog meer.

12

Lis pakt een zak chips.
Eerst eet ze zelf een chipje.
Dan krijgt Tom er een paar.
Hij is dol op chips.
Net als Lis.

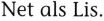

Mam en pap zijn thuis.
Mam hoort plons... plons!
'Wie doet dat?' vraagt ze.
Pap zegt: 'Een vis. Kijk maar.
Er zwemt een vis in de kom.'
Mam is boos en roept:
'Lis, ik zei toch: geen vis!'

13

Lis krijgt een kleur.

'Hij zwom in de zee, mam.

Maar hij wou met me mee.

Echt waar.'

Pap schudt zijn hoofd.

'Lis, die vis is te groot.

Hij hoort niet in huis.

Heb je wel voer voor hem?'

'Ja, kaas, worst en brood,' zegt Lis.

'En hij lust ook een pier.'

Pap gaat de deur uit.

Hij koopt visvoer voor Tom.

Een knots van een bus.

Tom ligt stil in zijn kom.
Zijn buik zit vol voer.
Poes Soes zit op een stoel.
Ze gaapt. Ze heeft slaap.
Dan hoort ze iets geks.
Blub blub blub…
Poes wipt op de kast.
Ze doopt haar poot in de kom.
Kom hier, vis.
Ik eet je op.
De vis zwaait met zijn staart.
Plons plons, doet hij.

Het water spat op.
Poes schrikt.
Bah. Ze wordt nat.
Ze springt op de grond.
Dag vis. Ik hoef jou niet.
Ik was me vlug weer droog.

Het is nacht.
Lis kijkt naar de maan.
Ze denkt aan Tom.
Zwemt hij fijn?
Of is hij bang voor de nacht?
Of voor poes Soes?

Lis glijdt uit bed.
Ze hoort pap en mam.
Mam snurkt zacht.
Pap snurkt hard.
Lis sluipt de trap af.
Ze kijkt in de kom.
Ze schrikt. Hij is leeg.
Tom ligt op de vloer.

Lis zegt: 'Gekke vis.
Sprong je uit je kom?
Dat is dom.
Dan ga je dood.
Of poes eet je op.'

Tom zwemt weer.
Maar hij kijkt niet blij.
'Wil je eruit?' vraagt Lis.
'Is je kom te klein?'
Blub blub… zegt de vis.
Het klinkt sip.

18

Ja, de kom is te klein.
Wat naar voor Tom.
Dan weet Lis iets goeds.
Ze pakt Tom beet
en rent naar het bad.

Ze draait aan de kraan.
Het bad loopt vol.
Tom mag erin.

Hij zwemt als een gek.
Lis geeft Tom twee speeltjes.
Een eendje en een bal.
Dan gaat ze naar bed.
Ze rolt om van de slaap.

Lis slaapt als een roos.
Maar dan hoort ze een gil.

'Help! Een vis!' roept pap.
'Een vis in mijn bad.

Lis, kom hier.'

Lis rent naar pap.

Hij kijkt boos.

'Wat doet dat beest daar, Lis?'

Lis aait Tom.

Ze zegt: 'Zijn kom is te klein.

Hier zwemt hij zo fijn.

En jij kunt er best bij, pap.

Mijn vis doet niks.'

21

Pap is kwaad.
Hij vist Tom op
en legt hem in een bak.
'Lis, die vis moet weg.
Ik breng hem naar de zee.
En jij gaat mee.'

Lis en pap zijn op het strand.
De zee ruist.
Het is net of de zee vraagt:
'Vis, waar ben je?'
Pap keert de bak om.

Tom duikt in een golf.
Heel vlug en blij.
'Dag vis,' zegt pap.
De zee neemt Tom mee.

Naar heel ver.
'Dag Tom!' roept Lis.
Er zit een snik in haar stem.
Pap slaat zijn arm om Lis heen.
Hij troost haar.
Maar het helpt niet.
Lis huilt.
Die lieve vis.
Nu is hij weg.

Lis hoeft niet naar school.
Wat zal ze gaan doen?
Ze kijkt naar de kom.
Die is leeg en saai.
Lis pakt haar verf en een wit blad.
Ze verft de zee.
En de lucht en een golf
en een kind met een vis.
De zee maakt ze blauw.
De lucht wordt ook blauw.
De golf wordt grijs.
Het kind wordt zwart.

En de vis?

Die wordt wit.

Zo wit als het zand van het strand.

Lis verft met rood de naam

Ze hangt Tom voor het raam.

Lis is bij oom Bas.

Hij zit in het hok van Sien.

Sien is de kip van oom.

'Hoi Lis. Help je mee?

Het hok moet schoon.'

Lis veegt en poetst.
Ze boent en dweilt
en legt stro in het hok.
'Tok tok!' zegt Sien.
Lis geeft de kip voer.

'Je werkt hard,' zegt oom.
'Maar je kijkt zo sip.
Heb je pijn in je buik?'
Lis schudt haar hoofd.
'Mijn vis moest weg, oom.
Hij was te groot voor mijn kom.'
'Wat naar voor jou,' zegt oom.

Lis knikt.
Ze voelt een traan op haar wang.
Vlug veegt ze hem weg.

Lis is moe.
Ze ligt op de bank.
Dan gaat de bel.
Het is oom Bas.
Hij draagt een tas.
Oom geeft mam een kus
en zegt iets in haar oor.

Mam lacht en zegt:
'Lis, raad eens?
Wat zit er in de tas?'
'Een kip,' zegt Lis.
'Nee, mis.'
'Een haan.'
'Nee, weer mis.'
'Het is iets leuks,' zegt oom.
'Maar je mag het nog niet zien.
Draai je om, Lis.'
Lis lacht.
Er zit vast snoep in de tas.
Of friet...

'Kijk maar!' roept mam.

Lis draait zich om.

Er zwemt een vis in haar kom.

Hij is heel klein

en hij lijkt wel van goud.

Het is een goudvis.

Oom zegt: 'Die is voor jou.

Als dank voor je hulp

in de schuur en het hok.'

Lis geeft oom een kus.

Ze noemt de vis Sien.

29

sien

Net als de kip van oom.
Die nacht hoort Lis de zee.
Ze denkt aan Tom
en ze zegt zacht:

'Tom, ik heb een vis van goud.
Hij is heel lief.
Maar lang niet zo lief als jij.
De liefste vis…
dat ben jij.'

30

Over Anne Takens

Dit is het kamertje van mij.
Hier maak ik mijn boeken.
Die boeken gaan over kinderen en
dieren.
Ik heb er al heel veel.
Het is een grote stapel!
Mijn poes heet Soes.
Poes Soes ligt altijd op tafel.
Of op de computer.
Dat vindt hij een fijn plekje.
Soms is hij stout.
Dan duikt hij in de prullenbak
en gooit rommel op de grond.
Ik heb drie kinderen.
Ze heten Moniek, René en
Danielle.

31

Ik ben ook al oma.
Mijn kleinkind heet Sanne.
Sanne is vier jaar.
Ze kan nog niet lezen.
Daarom lees ik haar voor
uit *Lis wil een vis*.

Veel liefs van Anne Takens